NOTICE SUR L'ANNAM

PAR

L. SCHILLEMANS

LIEUTENANT D'INFANTERIE DE MARINE

DÉTACHÉ

AUPRÈS DE M. LE MINISTRE, RÉSIDENT GÉNÉRAL A HUÉ

PARIS

IMPRIMERIE DU JOURNAL OFFICIEL

31, QUAI VOLTAIRE, 31

1885

NOTICE SUR L'ANNAM

PAR

L. SCHILLEMANS

LIEUTENANT D'INFANTERIE DE MARINE

DÉTACHÉ

AUPRÈS DE M. LE MINISTRE, RÉSIDENT GÉNÉRAL A HUE

NOTICE SUR L'ANNAM

PAR

L. SCHILLEMANS

LIEUTENANT D'INFANTERIE DE MARINE

DÉTACHÉ

AUPRÈS DE M. LE MINISTRE, RÉSIDENT GÉNÉRAL A HUÉ

PARIS

IMPRIMERIE DU JOURNAL OFFICIEL

31, QUAI VOLTAIRE, 31

1885

NOTICE SUR L'ANNAM

PAR

L. SCHILLEMANS

LIEUTENANT D'INFANTERIE DE MARINE

DÉTACHÉ

AUPRÈS DE M. LE MINISTRE, RÉSIDENT GÉNÉRAL A HUE

CONFIGURATION — ÉTENDUE

Si nous examinons la structure générale de la presqu'île indo-chinoise, nous voyons qu'elle forme un vaste plateau sillonné, dans le sens de la longueur, par le Mé-Kong et qui va, en s'élevant par des pentes insensibles, du golfe de Siam à la mer de Chine.

Près de là, on le voit s'abaisser brusquement, laissant entre ses dernières pentes et la mer une longue bande de terre, d'une largeur moyenne de six lieues et qui compose le territoire de l'Annam proprement dit.

Comprises entre le 10e et le 20e parallèle de latitude nord, le 103e et le 107e degré de longitude orientale (méridien de Paris), les frontières politiques de l'Annam sont délimitées : au nord par le Tonkin, au sud par la Cochinchine.

A l'ouest s'étendent des territoires inconnus, avec des limites mal définies et habités par des peuplades sauvages.

A l'époque où la race annamite était dans une période de conquête, elle a, en certains endroits, débordé par-dessus la chaîne de montagnes, soumettant quelques-unes de ces peuplades et poussant même jusqu'au Mé-Kong; mais, actuellement, on peut la considérer comme absolument enserrée entre la montagne et la mer.

Il s'ensuit que l'Annam forme une sorte de ruban, suivant la configuration de la côte, et affectant à peu près la forme d'un S.

L'étendue approximative du territoire est de 22,000 kilomètres carrés.

FORMATION GÉOLOGIQUE — CLIMAT — MÉTÉOROLOGIE PLUIES — VENTS — OURAGANS

L'Annam peut se diviser géologiquement en trois parties; aussi adopterons-nous désormais les dénominations d'Annam septentrional, d'Annam central et d'Annam méridional.

Annam septentrional.

L'Annam septentrional s'étend depuis la province de Nigne-Bigne jusqu'au cap Vuong-Ghia et faisait jadis partie intégrante du Tonkin. Il comprend deux bassins de fleuves : celui du Thagne-Hoa et celui du Nghé-Ane.

Le premier nous offre une région montagneuse formée par des soulèvements de nature schisteuse, émergeant d'un sol d'argile rouge contenant une forte proportion de sels de fer.

De temps en temps, on voit apparaître le granit, le gneiss et les micaschistes; mais l'existence de ces roches n'a été constatée que par des blocs isolés ou par les cailloux des torrents; on n'a pas encore fait les observations suffisantes pour déterminer en quelles proportions elles entrent dans la composition du massif.

Le bassin du Nghé-Ane s'étend fort loin dans le Laos, où il a pour limites la principauté du Trâne-Nigne.

Dans la vallée supérieure abondent les gisements ferrugineux; dans la partie moyenne, le terrain houiller, qui s'étendrait, dit-on, le long de la vallée du Hieou; enfin, dans la partie inférieure se présentent les roches calcaires, aux formes dentelées, bizarres, surgissant souvent brusquement au milieu du sol de la plaine, sans laisser autour d'elles d'ondulations sensibles.

Ces types de calcaires sont formés d'une roche compacte, très dure, qui, sous le marteau, résonne comme un métal.

La vallée supérieure du Nghé-Ane passe pour être malsaine, comme tous les pays montagneux et boisés. Les observations sanitaires font absolument défaut; les seuls Européens qui aient habité le pays sont les missionnaires, qui sont, paraît-il, assez éprouvés par le climat.

Le contrefort du Deo-Ngan termine, au sud, l'Annam septentrional, qui jouit, météorologiquement, du climat du Tonkin.

Annam central.

Au sud du Deo-Ngan s'étend l'Annam central, jusqu'à la limite nord du Houang-Ngaï, pays de lagunes et d'alluvions sablonneuses. La montagne en étages qui l'enserre à l'ouest se compose, en général, de schistes d'une couleur violacée; fort peu de roches granitiques. Plus haut, au delà de la première chaîne aux croupes arrondies, on en aperçoit une autre, parallèle à la première et qui paraît très élevée. Les crêtes, formées d'une série de lignes droites brisées, présentent des découpures anguleuses caractéristiques ; c'est l'étalage du calcaire. Dans les vallées où, par suite de l'abaissement de la montagne, il arrive à constituer le sous-sol, il se présente sous la forme de marbre noir veiné de blanc, quelquefois de rose. La finesse de son grain permet de le polir au besoin.

Dans les vallées de Cam-Lô, de Da-Hane, de Ba-True, etc., les puits de 5 à 6 mètres de profondeur l'atteignent en beaucoup d'endroits; l'extraction en est donc facile. Du côté de Tourane et des sources du fleuve Gianh, il se présente sous l'aspect de protubérances isolées dans la plaine, offrant sous leurs couches brisées et arc-boutées de magnifiques grottes.

Autrefois, la mer s'étendait sur la plus grande partie de la plaine, emplacement coupé de temps en temps par les dentelures de l'ancienne côte. Les fleuves qui arrosent actuellement la plaine ont formé à leur embouchure des barres de sable qui se sont transformées en dunes, forçant ainsi les rivières à s'écouler par des lagunes.

Les lagunes elles-mêmes se sont comblées, de nouvelles barres se sont formées aux nouvelles embouchures des rivières, et le travail se continue ainsi depuis des siècles, dotant sans cesse l'Annam central de plaines de sables, vastes solitudes recouvertes tout au plus de quelques brins d'herbes et d'arbrisseaux rabougris. Triste cadeau fait par la nature à un pays déjà bien pauvre!

Cette partie du territoire annamite ayant un climat qui lui est propre, nous allons la traiter avec certains développements.

Les moyennes sur lesquelles nous nous appuyons résultent d'observations les plus consciencieuses faites à la légation de Hué par MM. les docteurs Philip et Maugin.

Elles ne portent que sur deux années, 1882 et 1884, mais elles suffiront pour donner une idée à peu près nette de la climatologie du pays.

TABLEAU RÉSUMÉ DES OBSERVATIONS MÉTÉOROLOGIQUES

Prises à Hué du 1er août 1882 au 30 mars 1883.

MOYENNE DU MOIS

DÉSIGNATION	Août.	Septembre.	Octobre.	Novembre.	Décembre.	Janvier.	Février.	Mars.
Thermomètre sec.	29.0	26 9	25 3	21.4	18 7	19 1	18 9	20 7
Maxima (moyenne)	32.7	29 8	28.1	23 9	21.4	22 4	22.2	24.1
Minima (moyenne)	25.4	23.9	22 5	19 0	16.0	15 7	15 7	17.4
Moyenne barométrique	753.8	754.6	756 2	759 5	760 8	761 1	760.0	757 9
Hygrométrie.....	76.5	84 5	86.9	91 5	91 7	87.4	94 8	91 3

TABLEAU DE LA DIRECTION DES VENTS

NOMBRE DE JOURS PENDANT LES DIVERS MOIS DE L'ANNÉE. *(Année 1882-83.)*

DÉSIGNATION	Août.	Septembre.	Octobre.	Novembre.	Décembre.	Janvier.	Février.	Mars.
Nord	»	2	1	»	»	5	»	1
Nord-Est	»	7	1	6	1	7	5	»
Est	9	9	17 (1)	4	»	»	»	»
Sud-Est	»	1	1	»	»	»	»	»
Sud	»	»	»	»	»	»	»	»
Sud-Ouest	1	»	»	»	»	»	»	»
Ouest	9	1	1	13	13	3	10	12
Nord-Ouest	1	»	2	2	4	2	1	5
Calme	11	10	8	5	13	11	12	12

(1) Typhon de la nuit du 21.

TABLEAU RÉSUMÉ DES OBSERVATIONS MÉTÉOROLOGIQUES

Prises à Hué du 1er février 1884 au 1er février 1885.

MOYENNE DU MOIS

DÉSIGNATION	Février.	Mars.	Avril.	Mai.	Juin.	Juillet.	Août.	Septembre.
Baromètre sec	20.2	24 6	25 4	27 5	28 4	28.4	28.4	28
Maxima	27	30	31	33	34 5	34	35.5	36.
Minima	12	18	19	21 5	23	24 5	24.5	23.5
Moyenne barométrique	766.5	763	762.1	761	758	756	758	760.2
Hygronométrie	94	88	92	88	86	89	85	83
Pluviomètre	54	12	51	140	51	85	113	161

TABLEAU DE LA DIRECTION DES VENTS

NOMBRE DE JOURS PENDANT LES DIVERS MOIS DE L'ANNÉE. *(Année 1884-1885.)*

DÉSIGNATION	Février.	Mars.	Avril.	Mai.	Juin.	Juillet.	Août.	Septembre.	Octobre.	Novembre.	Décembre.	Janvier 1885.
Nord............	»	3	3	4	4	2	»	4	6	5	3	»
Nord-est........	1	4	5	1	»	2	»	»	12	3	15	10
Est..............	»	»	2	5	1	2	»	»	1	7	»	»
Sud-est..........	»	»	»	»	»	5	»	»	»	»	»	»
Sud..............	»	4	1	3	8	»	»	2	»	6	»	»
Sud-ouest.......	»	1	»	1	»	»	»	»	»	1	»	»
Ouest...........	3	»	2	»	»	»	6	6	»	3	»	8
Nord-ouest......	3	»	3	5	1	»	2	4	»	»	6	2
Calme...........	16	19	14	12	16	15	21	14	12	5	6	11

Il y a eu en 1884 un typhon au mois de novembre.

Le climat de l'Annam central comprend deux saisons : une saison humide, de septembre à avril, et une saison sèche, d'avril à septembre, correspondant : l'une à la mousson de N.-E., l'autre à la mousson de S.-E.

Les pluies commencent assez régulièrement vers la mi-septembre, c'est le moment du changement de mousson. Elles débutent par de formidables orages, qui amènent fatalement des inondations couvrant toute la plaine. On a vu dans cette période tomber jusqu'à $1^{m}248$ d'eau en dix jours.

La transition de la saison sèche à la saison des pluies est généralement funeste à l'Européen ; le détrempage des terres, desséchées depuis plusieurs mois par la soleil, donne naissance à de fréquents embarras gastriques, à des diarrhées de mauvaise nature, des dysenteries et même des accès pernicieux.

Les pluies continuent encore en octobre, passant de l'état d'orage à celui de simple pluie; l'état sanitaire s'améliore.

Le mois de novembre amène généralement une embellie, à laquelle succède une série de pluies fines, qui vont en diminuant d'intensité jusqu'en avril.

C'est la saison de la fraîcheur; elle permet de s'habiller à peu près comme en France. Cette saison, bien que désagréable parfois, lorsqu'elle comporte des périodes de pluies de douze à quinze jours de suite, est la sauvegarde de l'Européen, auquel elle permet de réparer ses forces affaiblies par les grandes chaleurs de l'été.

Le commencement de la deuxième saison est marqué par quelques orages, résultat du changement de mousson, puis vient la sécheresse et avec elle les chaleurs torrides.

L'habillement habituel d'Europe devient un supplice, les vêtements blancs sont seuls pratiques; en juillet, août et commencement de septembre, il devient imprudent de sortir, même en casque, entre huit heures du matin et cinq heures du soir; c'est une habitude à laquelle on se soumet d'ailleurs très facilement, tant la nécessité s'en fait sentir.

Chaque soir, vers les trois heures, on voit des nuages noirs s'amonceler dans la direction du sud; la tension électrique devient énorme, les éclairs sillonnent la nue; peut-être l'orage se déclarant va-t-il amener de la fraîcheur? Vain espoir! Il passe au-dessus de la plaine pour aller éclater dans les montagnes du Laos, sans avoir calmé par un abaissement de température l'action énervante que sa formation avait produite sur l'organisme humain.

Par bonheur, les nuits sont généralement supportables, l'appétit se maintient assez bien, et lorsque les conditions d'installation seront aussi bonnes qu'en Cochinchine, l'état sanitaire y sera certainement meilleur.

La dysenterie fournit en moyenne les deux tiers des décès et la totalité des malades évacués sur les hôpitaux externes.

Telle est la maladie inhérente au climat de l'Annam central et elle se présente avec un caractère de gravité qu'on ne trouve pas ailleurs; les rechutes sont faciles, et l'homme qui retombe est destiné à se traîner péniblement sans espoir de guérison.

Le changement de localité est peut-être le seul remède qui puisse avoir influence sur son état.

Annam méridional.

C'est une région essentiellement montagneuse; plus de lagunes et d'immenses plaines de sable, la grande chaîne envoie jusqu'à la mer de nombreux contreforts; aussi la côte est-elle fortement dentelée, ce ne sont plus les rivages bas et presque en ligne droite de l'Annam central.

Les couches géologiques se présentent en général dans le même ordre que dans le Nord :

1° Grès et schistes permiens rougeâtres;

2° Terrain houiller ou grès et schistes de coloration rouge et grise;

3° Au-dessus, la chaîne formant l'étage du calcaire.

Le docteur Neïs qui, dans son exploration de 1881, a circulé en arrière de la chaîne, a trouvé, dans la partie supérieure du haut Dong-Naï, l'étage des grès et des schistes dévoniens.

On peut donc dire, d'une façon générale, que le plateau de l'Indo-Chine s'abaisse vers la mer présentant, théoriquement, quatre gradins, qui suivent la série pétrologique habituellement admise; série qui ne se présente, d'ailleurs, extérieurement, qu'aux points où la chaîne ne s'abaisse pas pour former des vallées importantes comme celles du Nghé-Ane, du Song-Gianh, de Ba-True, etc.

FLEUVES — CANAUX

Annam septentrional.

L'Annam septentrional est la partie la plus riche au point de vue hydrographique. Il est arrosé par deux fleuves assez importants : le Song-Ma, qui traverse la province du Thaque-Hoa, et le Song-Ca, qui traverse celle du Nghé-Ane.

Le Song-Ma reçoit sur sa droite, comme affluent important, le Song-Caï, dont la vallée supérieure est inconnue ainsi que celle du Song-Ma.

Ce fleuve communique avec la mer par plusieurs embouchures portant les noms de Cua-Dieu-Ho, Cua-Chung, Cua-Hiao, Cua-Môm.

Une canalisation remarquable relie toutes ces branches entre elles, et réunit même la vallée du Thagne-Hoa avec celle du Nghé-Ane, de sorte que le pays est littéralement sillonné de cours d'eau.

Le Song-Ca reçoit sur la droite deux affluents qui réunissent leurs eaux avant de s'y jeter. Ce sont : le Song-Sao et le Ngan-Pho; le premier prend sa source dans le contre-fort du Déo-Ngan, et le second dans la chaîne laotienne.

Le Song-Ca se jette aussi à la mer par plusieurs bouches portant les noms de : Cua-Bang, Cua-Houen, Cua-Thoi, Cua-Van, Cua-Lo, Cua-Hoi, Cua-Chott, Cua-Ninong, Cua-Ang.

La vallée inférieure semble former ainsi une sorte de delta, s'étendant en largeur le long de la côte. La vallée supérieure est peu connue et se développe du côté de la principauté de Brane Nigne; elle communique, dit-on, par un passage souterrain navigable, avec le Hine-Tonne, affluent du Mé-Kong, reconnue en partie par l'expédition Doudard de Lagrée et qui aboutit non loin de Saniabourt. En résumé, l'Annam septentrional présente une série très complète de voies accessibles au petit batelage.

Annam central.

Il présente cinq vallées principales : celle du Song-Gianh, celle du fleuve de Dong-Hoï, celle du fleuve Viete, celle de la rivière de Hué et celle de la rivière du Quang Nam.

Le Song-Gianh est de toute la série le plus important : il prend sa course dans des grottes très curieuses, où l'on peut se promener en bateau et dont les murs sont couverts d'inscriptions dans une langue et une écriture aujourd'hui perdues.

La chaine présente à cet endroit un abaissement notable et n'offre, comme échantillon géologique, que du calcaire.

Un affluent de gauche du Song-Gianh, le Song-Naï, prend sa source dans le Déo-Ngan. Comme affluent de droite, nous n'avons à citer que le Song-Ceune. Quatre petites rivières sans importance se jettent directement à la mer, dans le bassin du Song-Gianh.

Le fleuve de Dong-Hoï ne présente qu'un faible développement (60 kilomètres au plus); il est très large et reçoit, avant d'arriver à la mer, et sur la gauche, deux petits affluents.

D'après son orientation et la nature sablonneuse du pays, nous croyons pouvoir affirmer que ce n'est qu'une ancienne lagune que l'avancement progressif de la côte dans le nord-ouest a laissée au milieu des terres.

La vallée du fleuve Viete correspond aussi à un abaissement sensible de la chaîne laotienne. Ce fleuve qui, dans sa partie supérieure, prend le nom de rivière de Do-Hane, reçoit comme affluents principaux : sur la droite, le Do-Giong et le Song-Hé-Lam, et sur le gauche, la rivière de Came-Lô.

Le fleuve Viete a deux branches d'écoulement; l'une qui se rend directement à la mer; l'autre qui, par un long canal parallèle à la côte, va se jeter près du cap Lay, après avoir reçu les eaux de la rivière de Toung.

La rivière de Hué, qui, dans sa partie supérieure, se divise en deux bras, va se jeter dans une vaste lagune, très large à certains endroits et ayant comme branches d'écoulement : le Cua-Thuan An et le Ba-Thuyen.

Les bras ou canaux qui la font communiquer avec cette lagune sont, au nord : 1° celui de Quang-Cua; 2° le bras principal de la rivière, et au sud : 1° le canal du Roi; 2° un petit canal qui part de Leguen-River; 3° la rivière canalisée de Phu-Cam.

Les affluents sont, à gauche, la rivière de Bac-Truc ; à droite, celles de Van-Dzuong, Leguen-River et la rivière de Phu-Cam.

Avec tout ce système hydrographique, Hué peut communiquer avec le cap Lay, à 100 kilomètres environ dans le nord (1) et avec Can-Haï, à 50 kilomètres dans le sud.

---

(1) Grâce à un canal creusé de main d'homme, reliant le bassin du fleuve Viete à celui de la rivière de Hué.

Un travail de canalisation peu considérable pourrait relier Hué à Hanoï ; c'est un projet à étudier.

Au sud de Tourane, nous avons une lagune très importante, ayant avec la mer trois points de communication : un dans la baie de Tourane ; le 2e, près de Faï-Fo ; le 3e, appelé Cua-Hiep-Hoa.

Dans cette lagune viennent se jeter de nombreux petits cours d'eau qui facilitent singulièrement l'exploitation du Quang-Nam, qui est, dit-on, la province la plus riche de l'Annam en produits métallifères.

Annam du Sud.

En descendant vers la Cochinchine, on ne rencontre plus que de petits cours d'eau, les trois quarts du temps simples torrents, venant se jeter dans les anfractuosités de la côte.

Les deux seuls qui présentent quelque importance sont : la rivière de Quin-Hone et le Ba ou Da-Lang. Tout à fait au sud, le Tuan-Phong forme la limite de l'Annam et de la Cochinchine.

Bien que la chose ne soit pas vérifiée, il résulte des renseignements recueillis que les fleuves d'Annam ne seraient pas navigables pour les bâtiments à vapeur. Tous présentent peu de profondeur ou des fonds très inégaux : à l'embouchure, des barres de sable en rendent l'entrée impossible ou dangereuse pendant une grande partie de l'année (mousson du N.-E.) à tous les bateaux de commerce, de quelque taille qu'ils soient.

Mes dernières excursions m'ont démontré la non-navigabilité, même pour les canonnières de moyenne taille, de tout le réseau de l'Annam central ; elles ne pourraient s'écarter à plus de 4 kilomètres, au maximum, des embouchures, lesquelles, comme nous l'avons déjà dit, ne sont accessibles que par le beau temps. Le remorquage par les chaloupes, ordinairement en usage, est même impossible dans la plus grande partie de ce réseau, les bateaux de ce pays se trouvant fréquemment arrêtés pendant la saison sèche.

En temps normal, le courant des rivières de l'Annam n'est

pas très violent, mais elles sont sujettes à de fortes crues (5 à 6 mètres), d'une durée de trois ou quatre jours.

On peut compter sur une moyenne de quatre crues pendant la saison des pluies.

DIVISIONS GÉNÉRALES — RÉSIDENCES

Le royaume d'Annam est divisé en douze provinces :

Annam septentrional.

1° Le Thagne-Hoa, ayant pour capitale Thagne-Hoa ;
2° Nghé-Ane, ayant pour capitale Vigne ;
3° Hatigné, enclavé dans le Nghé-Ane, ayant pour capitale Hatigne.

Annam central.

4° Le Quang-Bigne, capitale Dong-Hoï ;
5° Quang-Tri, capitale Quang-Tri ;
6° Quang-Duc, capitale Hué ;
7° Quang-Nam, capitale Quang-Nam.

Annam méridional.

8° Houang-Ngaï, capitale Houang-Ngaï.
9° Bigne-Digne, capitale Quin-Hone.
10° Phou-Yêne, capitale Phou-Yêne.
11° Hagne-Hoa, capitale Hagne-Hoa.
12° Bigne-Thouane, capitale Bigne-Thouane.

Toutes ces capitales sont dotées d'une citadelle dans laquelle habite le gouverneur annamite du rang de Ton-Doc, Tuâau-Phu, Quan-An, Quan-Bô ou Quan-Das.

Les Phu (préfectures) et les Huyên (sous-préfectures) ne sont point, comme au Tonkin, entourées de fortifications ; les villages n'ont pas les ceintures de bambous impénétrables que l'on trouve dans le delta du Fleuve-Rouge.

Les centres de population ne forment pas un groupement comme on le comprend d'ordinaire, et l'étendue du village qui porte un certain nom est parfois considérable, de telle façon que l'on peut, à un moment donné, traverser un village, passer dans un autre, puis, à la sortie de celui-ci, retrouver la suite du précédent.

Chaque village a un conseil des notables et un maire, ce dernier n'étant là que pour exécuter les ordres du conseil des notables, dont il est l'instrument responsable aux yeux du gouvernement annamite.

Le maire est l'intermédiaire obligé entre les demandeurs et le susdit conseil.

Il n'y a actuellement de résidents français qu'à Hué et à Quin-Hone; d'après le traité du 6 juin, nous devons en installer deux autres, l'un à Tourane, dans la province de Quang-Nam, l'autre à Huan-Day, dans le Phu-Yen.

POPULATION

On évalue la population de l'Annam à 2,000,000 d'habitants, ce qui fait 99 hommes par kilomètre carré. Elle est très dense aux environs de la capitale et dans les pays de rizières, mais aussi très clairsemée dans les terres élevées. Dans certaines régions sablonneuses, elle est nulle.

L'Annamite, peuple de pêcheurs et de cultivateurs, a généralement plusieurs enfants; mais la variole, qui sévit chaque année à une certaine époque, en moissonne beaucoup à la fleur de l'âge. Nous arriverons, espérons-le, à modifier cet état de choses par la vaccination, contre laquelle les indigènes manifestent peu de répugnance.

Dans la montagne vivent des races de sauvages absolument différentes de l'Annamite, dont elles furent longtemps tributaires. Les seules mesures ethnographiques que nous possédions jusqu'à présent sont celles prises en 1877 par M. Harmant dans la partie centrale de la chaîne, et par le docteur Neïs dans les montagnes du Bigne-Thouagne, en 1882.

Les Moïs, qui portent des noms différents suivant les tribus, semblent appartenir à une même famille paraissant avoir des affinités avec la race malaise. Ils ont la taille bien prise, les membres souples, la poitrine dégagée, les yeux droits, la peau cuivrée; parlent des langues dérivées du sanscrit; quelques-uns ont une écriture syllabique.

Dans le nord de l'Annam, on les désigne sous le nom générique de Muongs. Leurs mœurs sont très différentes suivant les tribus; les unes sont d'une douceur qui touche à la timidité; d'autres, au contraire, font preuve d'un esprit guerrier qui a souvent inquiété leurs voisins, les Annamites. Telles sont les tribus des Giaharis, des Banhars, celles du Quang-Nam et les tribus de Muôngs du Trane-Nigne et du Tchagne-Hoa.

Les Chinois étaient, avant le traité de 1882, fort communs en Annam, dont ils tenaient tout le commerce extérieur. Ils ont beaucoup diminué depuis la déclaration du blocus des côtes, mais il en reste encore une certaine quantité.

Principaux centres de la population.

Les deux principaux centres de la population en Annam sont, bien entendu, la capitale, et une ville de commerce de la province de Quang-Nam, nommée Feï-Fo.

En dehors de cela, les chefs-lieux de provinces paraissent être les centres les plus importants, mais les statistiques manquent absolument sur ce sujet.

Hué est une ville fortifiée; la population est presque tout entière dans l'enceinte des murailles, on l'évalue à 40,000 âmes. Elle se compose : 1° de la cour et de ses fonctionnaires; 2° des soldats annamites, qui forment la plus grande part; 3° de commerçants, se livrant principalement à la vente d'objets d'importation étrangère.

L'enceinte de Hué a été commencée vers 1795, par le colonel du génie Ollivier, faisant partie de la commission d'ingénieurs que le roi Louis XVI avait envoyée à Gia-Long.

C'est cette commission qui a couvert l'Annam et le Tonkin de citadelles en briques à fronts bastionnés, ne se doutant sûrement pas que ses travaux seraient plus tard employés contre nous.

Hué a une forme à peu près carrée; chacune des faces de

l'enceinte, construite en briques excellentes, a deux kilomètres et demi de longueur, et comprend 6 bastions. On peut se rendre compte, par ce simple renseignement, de l'importance du gigantesque travail que les Annamites ont accompli en moins de cinq années.

Feï-Fo est la ville de commerce la plus importante de l'Annam; c'est principalement un centre de population chinoise, qui comprend environ 12,000 habitants. Elle doit sa prospérité à sa position exceptionnelle sur un cours d'eau, suffisamment profond pour les grandes jonques et qui se jette à la mer par trois embouchures très éloignées les unes des autres : le Hua-Hiep-Hoa et le Cua-Daï, et enfin celle qui va se jeter dans la baie de Tourane, la plus importante des trois, puisqu'elle débouche dans un des plus beaux mouillages de l'Annam.

Feï-Fo est, en outre, le centre du bassin minier de la région.

Les points qui sont évidemment appelés à prendre le plus d'importance sont ceux que nous occupons ou que nous devons occuper, c'est-à-dire : Hué, Tourane, Quin-Hone et Huan-Day.

PORTS ET RADES

L'Annam septentrional et l'Annam central sont presque totalement dépourvus de rades, à part celle de Tourane.

Les ports ou embouchures, que nous avons cités dans la nomenclature des fleuves, sont tous impraticables pour les canonnières de haut bord et même la plupart du temps pour les canonnières ordinaires.

Les travaux que nécessiterait l'amélioration de ces embouchures seraient fort coûteux et ne répondraient probablement pas à la dépense qu'ils entraîneraient.

Dans l'Annam du Sud, au contraire, se trouvent de fort belles rades.

Au nord, nous rencontrons la baie de Quin-Hone, actuellement assez praticable, mais qui paraît se combler de jour en jour; en descendant encore, nous trouvons la petite baie de Con-Mong, puis celle de Huan-Day, que nous devons occuper. C'est, de l'aveu de tous les marins, un mouillage hors ligne et présentant toutes les garanties de sécurité désirables.

Si nous continuons à redescendre vers la Cochinchine, nous trouvons les six rades de Hou-Cohe, de Bigne-Hang, de Na-Trang, de Came-Ragne, de Gang et de Phamerang.

Les quatre premières forment de bons ports de refuge pour les navires.

AVENIR DE L'ANNAM AU POINT DE VUE COMMERCIAL

Le commerce en Annam peut se diviser en trois branches principales : 1° le commerce local; 2° les échanges avec les tribus du Laos; 3° les importations et exportations par voie maritime.

Sur tous les marchés que j'ai parcourus, j'ai trouvé les mêmes échantillons du commerce local :

1° Produits alimentaires : œufs, poissons, poulets, canards, porcs, chiens, vermicelle, nuoc-mam, sel, patates, ignames, cannes à sucre, cassonade, sucreries, nougats, riz décortiqué.

Fruits du pays : oranges, mandarines, bananes, jacquiers, cocos, etc.

2° Poteries : Terres cuites vulgaires, non vernies; faïence commune, à dessins bleus; marmites en cuivre; jarres.

3° Habillement : chapeaux de formes diverses, soies écrues et teintes, crêpons; pantoufles pour femmes, manteaux en paillottes.

4° Divers : riz non décortiqué, noix d'arec, bétel, écorce pour teinture, boîtes et menus objets en bois, tabac, nattes, cordes en fil de coco, cercueils, incrustations grossières, oreillers en varech.

A part les soies et les crêpons, ces marchandises ne s'exportent pas en général.

Les échanges avec les tribus laotiennes se font à certains marchés frontières, désignés par le gouvernement annamite. Le plus important est celui de Came-Lô, dans la province de Quang-Tri. Les objets que les sauvages livrent au commerce annamite sont : la cire, le miel, l'ivoire, les cornes, les peaux de rhinocéros, la résine, les torches, les bois d'aigle, les arachides, le sésame, les lentilles, les haricots, les citrouilles, le maïs, etc. Ils emportent en échange du sel, du riz, des poteries, du nuoc-mam, de l'eau-de-vie, de l'opium, des pioches et autres instruments de fer, des perles et de la verroterie.

Le commerce extérieur est tenu en grande partie par les Chinois : il consiste en cotonnades anglaises, écrues et teintes, objets de toilette, thé chinois, porcelaine commune, allumettes, papier, joss-stick, médecines chinoises, et enfin en opium. Tout cela vient, en grande partie, de Hong-Kong.

Le cabotage annamite, qui s'exerce entre le Tonkin, le Nghé-Ane, le Quang-Nam et le reste du royaume, consiste principalement dans l'importation en Annam des riz de ces contrées. Le Nghé-Ane exporte aussi de la cannelle d'excellente qualité, qui se vend au poids de l'or.

L'Annam ne paraît pas destiné à un bien grand avenir commercial, à moins que l'on ne développe, par un service de travaux publics bien compris, les routes dont il est presque absolument dépourvu.

La source du commerce futur est dans l'exploitation des richesses contenues dans les montagnes (bois, minerais, marbres, etc.), et surtout dans les facilités données aux échanges avec les Laotiens. Si le pays est resté jusqu'à présent improductif, c'est à l'abence de voies de communication qu'il faut surtout l'attribuer.

POSTES ET TÉLÉGRAPHES

Le service de la poste est assuré en Annam par un service de trains sur la route impériale qui, traversant le royaume dans toute sa longueur, va de Saïgon à Hanoï. Cette route est divisée en relais, avec chevaux de rechange, les courriers se faisant à cheval tant que l'état de la route le permet. Le système organisé depuis de longues années fonctionne assez bien : on est même surpris de la rapidité avec laquelle les Annamites apprennent les nouvelles venues de loin.

Les correspondances avec l'extérieur se font par les paquebots qui viennent relâcher à Tourane et à Quin-Hone.

Thuan-An est desservi par le câble sous-marin qui relie Haïphong à Saïgon : une ligne aérienne joint Thuan-An à Hué. Il y a donc actuellement en Annam deux bureaux de télégraphes. Il est question d'en instituer un troisième à Tourane, qui serait relié à Hué par une ligne aérienne.

Une ligne de paquebots partant tous les quinze jours de Saïgon dessert les ports de Tourane, de Quin-Hone et va de là au Tonkin, et *vice versa*.

De Saïgon, les marchandises et les correspondances provenant d'Annam se dirigent sur le Cambodge par les messageries fluviales de Cochinchine, ou sur l'Europe par la malle de Chine.

D'Haïphong, elles peuvent aussi être dirigées sur la Chine et le Japon.

SYSTÈME MONÉTAIRE

L'unité de monnaie employée en Annam est la ligature de cuivre contenant 600 sapèques et se divisant en 10 tiens de 60 sapèques chacun.

La ligature en zinc a une valeur quatre fois moindre que celle en cuivre, bien que contenant le même nombre de sapèques.

Les Chinois avaient depuis plusieurs années introduit en Annam des sapèques fausses en cuivre. Le gouvernement annamite, après avoir longtemps fermé les yeux sur l'introduction de cette monnaie, s'est dernièrement ravisé et a diminué ces ligatures d'un tiers de leur valeur.

La piastre mexicaine a depuis longtemps cours ; sa valeur varie suivant les demandes et aussi la tranquillité du pays :

on peut dire que le cours de la piastre est le baromètre de la situation politique.

La moyenne de la valeur de la piastre est de sept ligatures et demie à huit ligatures. Nous avons, en outre, comme monnaie, les taëls, et leurs multiples les barres.

Le taël d'argent a une valeur de 15 ligatures, la barre d'argent vaut 10 taëls. Le taël d'or a une valeur de 300 ligatures ; il se trouve aussi dans la circulation des barres d'or valant deux et trois taëls.

Il n'y a pas de taux d'intérêt légal en mesure commerciale : le taux moyen est de 12 p. 100 par mois.

L'unité de mesure est le tuoc, qui a de $0^{m}472$ à $0^{m}487$.

L'unité de surface est le mau carré dont le côté a 150 tuocs et qui vaut par conséquent 22,500 tuocs carrés, soit $5012^{m}84$, mettons 1/2 hectare.

L'unité de poids est le picul qui varie suivant les provinces de 62 à 63 kilos.

L'unité de capacité est le luong-kho qui vaut 35 litres et se subdivise en 26 parties.

TRAVAUX PUBLICS

Jusqu'à présent en Annam, les travaux publics se sont toujours faits par corvées : ce système, excellent en lui-même, produit les meilleurs résultats lorsqu'il est sérieusement appliqué. La Cochinchine nous a donné de nombreux exemples de ce qu'on pouvait en obtenir. Seulement, il est indispensable ici d'en contrôler sérieusement l'application. Voici actuellement comment les choses se passent.

Un travail est-il décrété ? Tous les villages du voisinage sont convoqués pour l'exécuter ; les plus riches débattent, avec le mandarin chargé du travail, le prix nécessaire pour les en exonérer ; sur vingt-cinq villages appelés, une vingtaine s'exemptent ainsi de la corvée, et ce sont les quatre ou cinq plus pauvres qui exécutent le travail.

Inutile de dire que le Trésor ne voit jamais un sou des

produits ainsi réalisés. On comprend qu'avec un pareil système, les travaux accomplis soient toujours faits dans de détestables conditions, et ne répondent souvent pas au but que l'on se propose. Sous peine de ne jamais arriver à aucun résultat commercial, tout travail public entrepris en Annam doit être désormais contrôlé par un Européen.

Les nécessités de la guerre, le manque d'argent et la force d'inertie du gouvernement annamite ont arrêté depuis plusieurs années toute espèce de travail d'intérêt général. Les ponts existants tombent en ruine, la route impériale n'est plus entretenue; quant aux chemins vicinaux, ils n'existent que pour mémoire; on en trouve quelques traces aux abords des villages; mais la plupart du temps ce ne sont que de misérables sentiers.

Le premier travail qui s'impose est l'établissement, entre Hué et Tourane, d'une voie praticable pour les marchandises.

La route actuelle, passant par trois cols très raides dont un (la Porte des nuages) a une hauteur de 470 mètres, ne peut compter comme voie commerciale. Il est absolument urgent, étant donnée l'impraticabilité du port de Thuan-An et le nombre de troupes que nous avons en ce point et à Hué, de chercher un tracé de route permettant de ravitailler les garnisons et le personnel de la résidence générale. Il n'est pas rare, en effet, d'être dans la mousson de nord-est coupé pendant deux mois de suite de toute communication avec l'extérieur, sauf en ce qui concerne les correspondances postales.

Pour aider le développement du commerce intérieur de l'Annam central, il est indispensable :

1° De recreuser le canal qui fait communiquer le bassin de la rivière de Hué avec le fleuve Viete;

2° De percer un canal entre le bassin du fleuve Viete et celui de la rivière de Dong-Hoï.

De cette façon, tout l'Annam central se trouverait sillonné par une voie navigable pour les sampans, et l'écoulement des produits à l'extérieur pourrait se faire par le port de Tourane grâce à l'installation du Decauville.

Le canal qui fait communiquer le bassin du fleuve Viete

et celui de la rivière de Hué est creusé depuis vingt-six ans; il est actuellement ensablé sur une longueur de 200 mètres par une petite rivière qui vient s'y jeter en y déversant des torrents de sable à hauteur des villages de Hoï-Yen et de Co-Hoan. Il suffirait de fort peu de chose pour remettre la voie en état, en bouchant la sortie de la petite rivière et en la forçant à se déverser ailleurs.

Le creusement de la partie ensablée ne serait plus qu'un jeu, le travail pourrait se faire par corvées, sans coûter un sou au Gouvernement français.

Le deuxième travail répond aux besoins d'écoulement des produits du Quang-Binh, qui ne peuvent sortir de cette province.

Les populations le réclament depuis bien des années; il consisterait à creuser un canal de 10 kilomètres de longueur entre Ho-Kho et Kouane-Cate, dans un terrain mi-partie d'argile rouge, caillouteuse, mi-partie de sable.

Plus tard, quand le pays sera mieux connu, il y aura lieu de procéder à l'amélioration des voies qui mènent au Mékong.

Les voies sur lesquelles les recherches devraient porter sont :

1° Celles du Trâne-Nigne, vers Luang-Crabang;

2° Celle qui part des sources du Il-Gianh sur Takhône;

3° Celle de Cam-La à Chong et Kemmerat, en passant par Aï-Lo;

4° Celles qui partent de Batruc et de Hué dans la direction de l'Attopeu;

5° Celle qui part de Quang-Nam pour aller dans la même direction;

6° Reconnaître le cours du Bla, depuis le pays des Bauhars jusqu'à Stung-Treng.

C'est la recherche et l'amélioration de ces routes qui sont le véritable avenir commercial de l'Annam.

L'agriculture occupe les huit dixièmes de la population.

Les cultivateurs se divisent en deux catégories : les propriétaires et les fermiers. Les uns et les autres exploitent des fonds de terre plus ou moins étendus; mais les petits cultivateurs sont de beaucoup les plus nombreux, le morcellement de la propriété étant poussé très loin dans le pays. Les propriétaires qui font valoir eux-mêmes un fonds de 50 hectares sont très rares; généralement, dans ce cas, ils préfèrent louer leurs terres en détail.

Les terrains d'alluvion cultivables qui se trouvent dans les parties basses de la plaine, particulièrement le long des cours d'eau, se divisent en deux catégories : la première se compose de tous les terrains inondés ou susceptibles de l'être, entièrement réservés à la culture du riz; la seconde catégorie comprend les terrains trop élevés pour être occupés par d'autres cultures : riz sec, cannes à sucre, mûriers, indigo, bétel, légumineuses, arequiers, thé du pays, bananiers, etc.

Le rendement des terrains d'alluvion est considérable. Malgré une culture assez négligée, beaucoup de ménages vivent à leur aise du revenu d'un demi-hectare de jardin planté d'arequiers, de thé, d'ananas, de mûriers, etc.; mais le meilleur rendement est celui du riz : il va jusqu'à 40 et même 50 p. 100 dans les rizières de première qualité.

En s'élevant vers les montagnes, on rencontre de vastes plaines qui ne sont pas encore défrichées ou qui ont été abandonnées après l'avoir été. Ce sont, en général, des terrains de nature argileuse se prêtant fort mal, sauf dans quelques fonds marécageux, à la culture préférée des Annamites, celle des rizières. Aussi trouve-t-on de vastes régions couvertes de broussailles ou d'un maigre gazon, absolument désertes.

Les cultures pratiquées dans ces terrains sont les patates de différentes variétés, l'igname, les arachides, sézame, tabac, ananas. Le rendement de ces terres élevées est assez difficile à apprécier; les propriétaires n'en cultivent que quelques parcelles et les produits, à peine rémunérateurs, sont consommés dans le ménage.

Le gouvernement annamite fait des efforts pour favoriser dans ces régions le développement de l'agriculture sur plusieurs points de la chaîne, notamment dans le Quang-Tri et dans le Bigne-Digne; mais jusqu'à présent les résultats sont assez médiocres, les Annamites n'ayant pas à leur disposition de culture pouvant produire pour eux, dans ces terres, de quoi les récompenser largement de leur peine.

C'est pourtant là que devra s'exercer l'effort de l'Européen.

Il y a environ deux cents ans, les missionnaires portugais eurent l'idée de planter du café dans la province du Baï-Treue, qui se trouve dans ces terres élevées.

Leurs efforts furent couronnés de succès; les caféières se developpèrent avec une vigueur surprenante, donnant d'abondants produits.

Depuis ce temps, ils continuent à croître d'eux-mêmes dans certains endroits de la province et sans aucune culture, fournissant aux missions tout le café dont elles ont besoin.

Nous ne craignons pas d'affirmer qu'il y a là pour les Européens une source de grande richesse; l'Annam deviendra, quand on voudra, une des plus productives régions caféières du monde.

Les essais de poivre et de thé chinois ont aussi bien réussi ; mais ils n'ont été tentés que sur une petite échelle.

Dans les terrains élevés de la plaine, on pourrait tenter de développer la culture du coton, de l'indigo, du caoutchouc et de la canne à sucre. Quant à l'exploitation de la cannelle, dans les provinces du Nghé-Du et du Tanh-Hoa, elle ne pourrait manquer de présenter de grands avantages, puisqu'elle entre déjà pour un gros chiffre dans les exportations de l'Annam.

L'impôt foncier est réparti suivant la qualité des terres.

La première catégorie, celle des terres sèches, non susceptibles d'être inondées, ne forme qu'une seule classe payant une ligature, un dixième par mau.

La deuxième catégorie, dite des rizières, comprend quatre classes et paye l'impôt en riz. La quotité en est fixée de la façon suivante :

1re classe 40/26 de mesure.
2e classe 30/26 de mesure.
3e classe 20/26 de mesure.
4e classe 10/26 par mau.

La mesure officielle est, comme nous l'avons dit, le luong-kho, qui vaut 35 litres ; c'est la ration mensuelle du soldat.

Par rapport au droit de propriété, les terres se subdivisent en trois catégories :

1° Terres dites Quan-Phong ou terres domaniales appartenant au gouvernement ; ne se rencontrent guère qu'aux environs de la capitale ;

2° Cong-Dieu. — Terrains communaux appartenant aux villages, partagés généralement entre les inscrits des villages, tous les trois ans ;

3° Tu-Dieu. — Propriétés particulières.

Dans la province de Hué, l'impôt sur les rizières communales est diminué de 3/10es à cause des corvées occasionnées par le voisinage de la cour.

Au sujet des mines, nous nous contenterons de donner ici l'énumération des gisements connus et ayant été exploités, sans chercher quelle peut être leur valeur respective.

Les renseignements de source chinoise que l'on possède à ce sujet sont trop aléatoires, un Européen pouvant être seul apte à déterminer la richesse d'un gisement avec une exactitude suffisante :

1° Mine d'or de Chien-Dan (province de Quang-Nam) ;

2° Mine d'or de Hoï-Nguoyen (province de Nghé-Ane) ;

3° Gisements argentifères de Lu-Thuong, Lu-Ha, An-Khuong, Ba-Dong (province de Tan-Hoa) ;

4° Mines de cuivre de Tach-Kieu (province de Quang-Nam) (cuivre rouge) ;

5° Mine de cuivre de Duc-Bo (même province) ;

6° Mine de zinc de Phong-Mien-Thuong (province de Quang-Nam) ;

7° Gisement de fer magnétique des Cédans (province de Bigne-Digne) (très riche) ;

8° Gisement de fer du haut de la rivière de Hué ;

9° Gisement de fer des montagnes de Cam-Lo (province de Quang-Tri) ;

10° Mine de charbon de Nong-Son, concédée pour 29 ans à un Chinois. — Explorée et analysée en 1882 par M. Fusch, ingénieur des mines.

Carrières.

Marbres blancs de Tourane, veinés de rose et de brun. — Marbres gris des montagnes de Cam-Lo (province de Quang-Tri).

L'Annam avec sa longue chaîne de montagnes boisées, et la multitude de petits cours d'eau qui viennent y puiser leurs eaux, est admirablement disposé pour l'exploitation des forêts. Celles-ci contiennent d'ailleurs beaucoup d'essences excellentes pour la construction. En deux jours les bois coupés dans la chaîne laotienne peuvent être conduits à la mer sans le secours d'aucun moyen de remorquage, et ils trouveront dans les baies de l'Annam du Sud des points d'embarquement nombreux et commodes.

Par suite de la médiocre qualité des bois du Tonkin et des difficultés de leur exploitation, il est évident que ce pays, avec l'extension qu'il est appelé à prendre, viendra emprunter à l'Annam les bois qui lui sont nécessaires. Il y a là un débouché tout indiqué.

Industries locales.

La population de l'Annam est pauvre en général, et l'industrie locale n'existe pour ainsi dire pas.

Dès qu'un ouvrier passe pour habile, il est réquisitionné pour travailler comme soldat au service du roi. Là, il ne reçoit comme prix de son travail que la solde habituelle, une ligature et demie, plus deux paniers de riz. Devenir bon ouvrier est donc une calamité, aussi les Annamites s'en gardent-ils bien.

La seule industrie qui prospère un peu est celle de la soie, qui trouve facilement un débouché à l'extérieur; encore les étoffes se confectionnent-elles dans les familles, il n'y a point de grandes fabriques.

Un Européen pourrait sans doute arriver à développer cette industrie et en tirer un bon parti.

Il serait possible également de développer l'industrie sucrière, soit en la créant de toutes pièces, soit en raffinant les cassonades grossières vendues sur les marchés annamites.

Une industrie qui est destinée à un avenir certain, c'est celle qui résulterait de la création de tout ce qui est nécessaire à la construction.

1° Les Annamites ne savent plus faire de briques : celles qu'ils fabriquent sont si mal cuites qu'elles fendent à la pluie ; on ne peut songer à les employer pour des constructions sérieuses ;

2° Ils ne savent pas faire les canaux ni les dalles destinées soit à paver les appartements, soit à construire les escaliers ;

3° Ils ne produisent de la chaux qu'en quantités insuffisantes ;

4° Ils sont absolument incapables de faire la menuiserie des maisons européennes : fenêtres, portes, persiennes, meubles, etc.

Nous croyons donc pouvoir affirmer que l'Européen qui serait en mesure de répondre, dans le pays même, à toutes les demandes qui lui seraient faites en matière de construction, ferait de bonnes affaires.

Si cette industrie ne se crée pas, il faudra tout faire venir de l'extérieur.

Travailleurs du pays. — Travailleurs européens.

On peut occuper les travailleurs du pays pour tous les ouvrages qui ne nécessitent pas une grande application. Dans la construction, par exemple, ils peuvent faire les transports de matières premières, exécuter les travaux de terrassements, gâcher le mortier, équarrir les madriers, scier des planches. On ne peut leur demander plus si l'on désire le travail soigné que nécessite une maison européenne.

Pour les constructions provisoires en paillottes, ils peuvent s'en tirer sans l'aide de personne; pour les grands travaux de routes et de canaux, il suffit simplement de les diriger.

Leur paye est généralement d'une ligature par jour; c'est le prix habituel pour n'importe quel travail.

On voit d'après cela que de bons ouvriers européens, et surtout les contre-maîtres, trouveraient en Annam des débouchés à leur activité, lorsque la fin de la campagne permettra d'entreprendre tous les travaux dont la nécessité s'impose. Nous ne reviendrons pas sur les emplois qu'ils pourraient trouver dans l'industrie et la culture.

Il nous reste à examiner dans quelles conditions d'existence se trouverait un Européen débarquant dans le pays, au point de vue du logement, de la nourriture et de l'habillement.

Logement.

Sous ce rapport, tout est à faire. Les cases annamites ne peuvent servir à nous loger d'une façon définitive; il faudra donc que l'ouvrier débarquant se construise une maison en cherchant autant que possible à satisfaire aux conditions suivantes :

1° Orientation. — Une des façades des maisons doit avoir la direction sud-ouest-nord-est, de façon à recevoir en plein la mousson de sud-est, qui est le vent rafraîchissant de l'été;

2° L'Annam étant soumis à deux saisons très différentes, les constructions doivent pouvoir se bien fermer en hiver et être susceptibles de bien s'aérer pendant l'été tout en évitant la réverbération du soleil dans les appartements, chose fort dangereuse.

A cet effet, nous conseillerons d'entourer toutes les faces des maisons d'une vérandah de 2m50 au moins de large et de munir cette vérandah de persiennes, les fenêtres et portes du corps de la maison étant vitrées. En hiver, où le temps est gris, froid et humide, on ouvrira complètement les persiennes des vérandahs, et les portes et fenêtres vitrées permettront de voir clair dans les appartements, tout en les défendant contre l'air extérieur.

L'été, au contraire, les persiennes devront rester fermées, les portes et fenêtres intérieures étant maintenues ouvertes par des crochets. Une cheminée dans les appartements est assez utile, quoique non indispensable.

3° Toiture. — Elle est toujours en tuiles et doit être bien inclinée pour résister aux grandes pluies.

La forme en terrasse est absolument à rejeter. Il est indispensable d'avoir dans les appartements des plafonds, car l'été les tuiles, échauffées par le soleil de la journée, conservent leur chaleur jusqu'à une heure très avancée de la nuit.

4° Charpente. — Elle doit être autant que possible en fer, les fourmis blanches dévorant rapidement les plus grosses pièces de bois.

La seule essence qui puisse leur résister est le jacquier; mais ce bois revient assez cher. Nous ajouterons que toutes les maisons doivent être élevées d'un mètre au moins au-dessus du sol : c'est une précaution qu'on ne doit jamais négliger dans tous les pays intertropicaux.

Comme il n'y a pas d'hôtels en Annam, il faut s'occuper soi-même de la question alimentaire. Hormis ce que l'on trouve sur les marchés, les denrées alimentaires sont fort chères. On peut compter un tiers en sus sur les prix de France pour les conserves, etc., mais ces prix sont destinés à baisser au fur et à mesure que nous nous installerons dans le pays.

Pour ce qui est de l'habillement, l'Européen est absolument tributaire de l'extérieur, il faut apporter tout avec soi.

Paris. — Imprimerie du *Journal officiel*, quai Voltaire, 31.

www.ingramcontent.com/pod-product-compliance
Lightning Source LLC
LaVergne TN
LVHW020309230826
846091LV00006B/2614